486

MÉTHODE

DE

LECTURE SANS ÉPELLATION

PAR ABRIA

APPROUVÉE PAR LE CONSEIL ROYAL DE L'INSTRUCTION PUBLIQUE, LE 6 FÉVRIER 1838

4ᵉ ÉDITION

PARIS

CHEZ LANGLOIS ET LECLERCQ

Rue de La Harpe, 81

DE L'IMPRIMERIE DE CRAPELET, RUE DE VAUGIRARD, 9

MÉTHODE DE LECTURE.

Cette Méthode, par la modicité de son prix, le petit nombre des tableaux qui la composent, et par la simplicité de son mécanisme, est principalement destinée à être suivie dans les classes nombreuses et peu riches. La marche que j'ai adoptée est bien graduée ; les difficultés y sont abordées une à une, elles forment un enchaînement que les élèves saisissent sans peine.

En adoptant de préférence la *non épellation*, je n'ai point cédé à l'empire de l'innovation, mais j'ai voulu propager un mode évidemment très-avantageux. L'école élémentaire que j'ai dirigée pendant sept ans comptait de 180 à 200 élèves de l'âge de 5 à 12 ans ; j'y rencontrais tous les inconvénients attachés aux écoles gratuites : inexactitude, mutations fréquentes, habitudes de dissipation, etc. Cependant, sur ces 180 élèves, 130 à 140 lisaient couramment dans les livres.

Le temps qu'on gagne en apprenant à lire sans épeler n'est pas contesté : on avoue bien que ce mode épargne des larmes à l'élève et diminue son dégoût ; mais il ne lui permet pas, ajoute-t-on, de connaître l'orthographe des mots. Voilà le puissant et le seul motif que se donnent les partisans de la lecture avec épellation pour rester dans la routine. A ceux-ci, je réponds : Je ne rejette pas l'épellation ; mais, plus conséquent que vous, j'apprends d'abord à lire, ensuite je fais étudier l'orthographe des mots ; et cette étude devient alors d'autant plus profitable à l'élève qu'il peut s'y livrer avec discernement et vérifier par ses propres yeux, et sans le secours de personne, quelles sont les lettres qui composent un mot.

MANUEL.

TABLEAU N° 1. — J'ai voulu, dans cette première leçon, ne présenter à l'élève que la forme des lettres la plus ordinaire, afin de ne pas le dégoûter tout d'abord en lui offrant ces mêmes lettres sous cinq ou six formes différentes. L'élève apprend d'abord les voyelles brèves qu'on lui fait prononcer comme il est écrit au tableau ; les trois sortes d'*e* lui seront bien enseignées. Il apprend ensuite les voyelles longues, puis les consonnes, et pour s'assurer qu'il les connaît parfaitement, on lui fait lire l'exercice qui termine le tableau. Il est indispensable de donner aux lettres l'appellation indiquée ; de nommer un *b*, *be* ; un *c*, *que*, etc.

TABLEAU N° 2. — L'élève répète les sons *a*, *e*, *é*, *è*, etc. ; et les consonnes *b*, *c*, *d*, *f*, *g*, *j*, etc. ; ensuite on lui fait étudier ce tableau de la manière qui y est indiquée. L'instituteur comprenant que les consonnes ne peuvent se prononcer seules, qu'elles ne sont que les marteaux qui frappent sur les voyelles pour en modifier le son, dira à l'élève : « Cherchez à prononcer le *b*, le *d*, le *f*, etc., et prononcez la « voyelle qui suit ; c'est-à-dire disposez vos lèvres ou votre langue « comme si vous vouliez faire entendre le *b*, le *d*, etc., et prononcez « la voyelle qui suit ces articulations. En d'autres termes, tout en vou- « lant prononcer le *b*, le *d*, etc. ; prononcez la voyelle qui vient après. »

TABLEAU N° 3. — L'élève, qui connaît bien le n° 2, lira facilement celui-ci, car les mots qu'il renferme sont tous composés de syllabes qu'il a apprises au n° 2. L'élève lit ce tableau par syllabes, mais sans traîner sur chacune d'elles.

TABLEAU N° 4. — Il suffit de connaître les lettres pour savoir lire ce tableau ; car en prononçant le nom de chaque lettre composant une des syllabes, on lit cette syllabe ; seulement, il faut exiger que les deux lettres soient lues d'une seule émission de voix, et que la dernière ne soit prononcée que très-faiblement.

TABLEAU N° 5. — Ce tableau s'étudie comme le n° 2. L'élève, tout en voulant prononcer *b*, *c*, *d*, *f*, etc., prononce les *ac*, *ar*, *at*, etc., qui accompagnent les consonnes.

TABLEAU N° 7. — Les sons qui sont en tête de ce tableau doivent être appris verticalement : *ai*, *ei*, *eu*, *eau*, *eu*, *œu*, *ou*, *oi*. Pour l'élève, ces sons seront considérés comme n'étant représentés que par une seule lettre ; *ai*, *ei*, seront pour lui la même chose que *è* ; *au*, *eau*, la même chose que *ô* : alors le tableau suivant (n° 8), qui s'étudie de la même manière et avec les mêmes procédés que le n° 2, n'offrira plus de difficultés ; car *b*, *ai*, *bai* se lira aussi facilement que *b*, *è*, *bè* ; *p*, *eau*, *peau*, que *p*, *ô*, *pô*, etc.

TABLEAUX N°s 10 et 11. — Mêmes observations que pour les n°s 7 et 8.

TABLEAU N° 13. — L'élève ne connaît encore que des articulations formées d'une seule lettre ; ici, on lui présente une réunion de deux ou trois lettres qu'il doit s'habituer à ne considérer que comme une seule articulation. Ainsi, *ph* et *f* doivent être pour lui synonymes, et ainsi de *qu* et *c*, *gu* et *g*, etc. Ces articulations une fois bien sues, le tableau qui suit s'apprendra avec la même facilité que le n° 2 et le n° 5 : l'élève lira aussi facilement *pheu*, *gna*, qui pour lui se décompose en *ph*, *eu*, *pheu* ; *gn*, *a*, *gna*, qu'il lirait *beu*, *da*, qu'il décompose en *b*, *eu*, *beu* ; *d*, *a*, *da*.

La Méthode n'a pas besoin de recevoir de plus longues explications ; celles données sur les tableaux mêmes suffiront à l'instituteur.

J'ai cru ne devoir pas parler dans cette Méthode des articulations doubles, comme *tr*, *gr*, *spl*, etc. La nouvelle appellation donnée aux consonnes lève toutes les difficultés que faisait naître la rencontre dans les mots de pareilles articulations. Quoi de plus facile à lire que *splendeur*, *sphère*, *travail*, si l'on prononce *se pe le en deur*, *se phe ère*, *te re avail* ? Ne suffit-il pas de faire observer à l'élève qu'il n'a qu'à prononcer rapidement les noms des diverses consonnes qui se suivent dans un même mot ?

Observation essentielle.

Au sortir des tableaux de la Méthode, l'élève peut aborder la lecture d'un livre quelconque, qu'il ne lira cependant qu'en hésitant ; parce qu'il lui manque de la pratique. De même qu'on a besoin de regarder attentivement, pour la reconnaître, une personne qu'on a peu vue ; ainsi l'élève a besoin de bien considérer les syllabes dont les mots sont composés avant de les prononcer. C'est pourquoi l'instituteur, en lui mettant un livre entre les mains, doit lui faire lire seulement la première phrase de ce livre, en syllabant d'abord, ensuite couramment, et le tenir sur cette phrase jusqu'à ce qu'elle soit lue imperturbablement. L'élève étudiera ensuite la deuxième phrase de la même manière, puis la troisième, qu'il lira déjà avec plus de fermeté parce qu'elle contiendra nécessairement quelques mots et des syllabes des deux premières phrases. Il suffira de continuer cet exercice pendant quelques jours pour que l'élève puisse alors lire à livre ouvert.

VOYELLES BRÈVES.

a e é è i y o u

prononcez comme dans le,   été,   mère,   *lisez* i *ou* i grec.

VOYELLES LONGUES.

â ê î ô û

CONSONNES.

b c d f g j k l m n

prononcez be   que   de   fe   gue   je   que   le   me   ne

p r s t v x z

—   pe   re   se   te   ve   cse   ze

EXERCICE.

a b e c k é d p b i f v o u z s g
j o é è e s z x z p e c k d i o v f
j u è x s d p r x z s t s v a l m n
r n s b l u è é e c d p r s x z f v

1er PROCÉDÉ. — Le Moniteur indique et nomme une lettre à l'Élève.

2me PROCÉDÉ. — Le Moniteur, sans la nommer, indique une lettre à l'Élève.

3me PROCÉDÉ. — Le Moniteur remet la lettre à l'Élève ; celui-ci montre sur le tableau la lettre que lui a nommée le Moniteur.

Méthode de lecture, par ABRIA. — A Paris, chez LANGLOIS et LECLERCQ, rue de La Harpe, 81.

De l'imprimerie de Crapelet, rue de Vaugirard, 9.

SYLLABES DE DEUX LETTRES.

	a	e	é	è	ê	i	y	o	u
b	ba	be	bé	bè	bê	bi	by	bo	bu
c	ca	»	»	»	»	»	»	co	cu
d	da	de	dé	dè	dê	di	dy	do	du
f	fa	fe	fé	fè	fê	fi	fy	fo	fu
g	ga	»	»	»	»	»	»	go	gu
j	ja	je	jé	jè	jê	ji	jy	jo	ju
k	ka	ke	ké	kè	kê	ki	ky	ko	ku
l	la	le	lé	lè	lê	li	ly	lo	lu
m	ma	me	mé	mè	mê	mi	my	mo	mu
n	na	ne	né	nè	nê	ni	ny	no	nu
p	pa	pe	pé	pè	pê	pi	py	po	pu
r	ra	re	ré	rè	rê	ri	ry	ro	ru
s	sa	se	sé	sè	sê	si	sy	so	su
t	ta	te	té	tè	tê	ti	ty	to	tu
v	va	ve	vé	vè	vê	vi	vy	vo	vu
x	xa	xe	xé	xè	xê	xi	xy	xo	xu
z	za	ze	zé	zè	zê	zi	zy	zo	zu

1er PROCÉDÉ. — Le Moniteur fait lire ce tableau verticalement en montrant et nommant chaque syllabe.

2me PROCÉDÉ. — Le Moniteur fait lire horizontalement en montrant et nommant chaque syllabe.

3me PROCÉDÉ. — Le Moniteur, sans nommer les syllabes, fait lire verticalement, ensuite horizontalement, enfin en prenant une syllabe au hasard.

Méthode de lecture, par ABRIA. — A Paris, chez LANGLOIS et LECLERCQ, rue de La Harpe, 81.

De l'imprimerie de Crapelet, rue de Vaugirard, 9.

LECTURE COURANTE.

jo ly a fi ni sa sa la de. — la pi pe de pa pa. — la lu ne a pâ li. — ré né a bu du ca fé. — la ro be de ma mè re. — ré mi a po li u ne li me. — l'a xe de la pe lo te. — la ri xe a é té fa ta le à ju le. — le lu xe a é té i nu ti le. — la fi dé li té de jé rô me. — ré né i ra à l'é co le. — fi fi se se ra sa li à la ca ve. — l'é tu de se ra u ti le. — a xi o me. — lé vi a vu u ne da me. — dé jà le rô ti a é té le vé. — le pa vé se ra la vé. — u ne ma xi me u ti le. — le vo lu me a é té é ga ré. — la vi pè re a pé ri. — le di né se ra fi xé. — la ju ju be de l'a mi. — le ca rê me fi ni ra sa me di. — lè ve la tè te. — l'é té a ra ni mé la na tu re. — ma mè re fi le. — le ma la de se lè ve ra à mi di. — ma mè re a sa lé le rô ti. — ro sa a vu le na vi re. — u ne fi ne la me. — la mo ra le du cu ré. — la li no te de ju le. — la pu re té de l'â me. — ca ro li ne ré vè re sa mè re. — l'é tu de de la do ru re. — sa ra i ra à la ca ba ne de la mè re jo ly. — a dè le a u ne ro be de ga ze. — ré né a é ga ré sa ta ba tiè re. — évite la colère. — adore la divinité. — porte de l'amitié à ta mère. — l'ami de papa sera fidèle. — dire la pure vérité. — le navire a été jeté à la côte. — la rame du pilote. — la dorure sera solide. — la parure d'une dame. — une sérénade finira la fête du député. — papa a été à babylone. — une lyre sonore. — rosa dira la vérité. — rébéca a été fidèle. — la rapidité de la rivière. — je dîne à midi.

1er Procédé. — Le Moniteur fera lire par syllabes, en montrant et nommant chaque syllabe.
2me Procédé. — Le Moniteur fera lire en montrant chaque syllabe, sans la nommer.
3me Procédé. — Le Moniteur fera lire couramment, sans séparer les syllabes.

Méthode de lecture, par ABRIA. — A Paris, chez LANGLOIS et LECLERCQ, rue de La Harpe, 81.

De l'imprimerie de Crapelet, rue de Vaugirard, 9.

SYLLABES INVERSES.

	b	c	d	f	g	j	l	p	r	s	t	v	x	z
a	ab	ac	ad	af	ag	aj	al	ap	ar	as	at	av	ax	az
i	ib	ic	id	if	ig	ij	il	ip	ir	is	it	iv	ix	iz
y	yb	yc	yd	yf	yg	yj	yl	yp	yr	ys	yt	yv	yx	yz
o	ob	oc	od	of	og	oj	ol	op	or	os	ot	ov	ox	oz
u	ub	uc	ud	uf	ug	uj	ul	up	ur	us	ut	uv	ux	uz

EXERCICE.

ab ub uc yd of ug ac id al uv as ir il ac

ij ys ox up ud al ol ir it is it ap ur ab if

ip at uc il af op ox if ib yv oz iv ac il ul.

1er Procédé. — Le Moniteur fait lire verticalement, en montrant et nommant chaque syllabe.

2me Procédé. — Le Moniteur fait lire horizontalement, en montrant et nommant chaque syllabe.

3me Procédé. — Le Moniteur fait lire d'abord verticalement, ensuite horizontalement, puis au hasard les syllabes du tableau, et sans les nommer.

Méthode de lecture, par ABRIA. — A Paris, chez LANGLOIS et LECLERCQ, rue de La Harpe, 81.

De l'imprimerie de Crapelet, rue de Vaugirard, 9.

SYLLABES DE TROIS LETTRES.

	ac	ar	al	il	if	is	ol	or	ul	ur
b	bac	bar	bal	bil	bif	bis	bol	bor	bul	bur
c	cac	car	cal	»	»	»	col	cor	cul	cur
d	dac	dar	dal	dil	dif	dis	dol	dor	dul	dur
f	fac	far	fal	fil	fif	fis	fol	for	ful	fur
g	gac	gar	gal	»	»	»	gol	gor	gul	gur
j	jac	jar	jal	jil	jif	jis	jol	jor	jul	jur
k	kac	kar	kal	kil	kif	kis	kol	kor	kul	kur
l	lac	lar	lal	lil	lif	lis	lol	lor	lul	lur
m	mac	mar	mal	mil	mif	mis	mol	mor	mul	mur
n	nac	nar	nal	nil	nif	nis	nol	nor	nul	nur
p	pac	par	pal	pil	pif	pis	pol	por	pul	pur
r	rac	rar	ral	ril	rif	ris	rol	ror	rul	rur
s	sac	sar	sal	sil	sif	sis	sol	sor	sul	sur
t	tac	tar	tal	til	tif	tis	tol	tor	tul	tur
v	vac	var	val	vil	vif	vis	vol	vor	vul	vur
x	xac	xar	xal	xil	xif	xis	xol	xor	xul	xur
z	zac	zar	zal	zil	zif	zis	zol	zor	zul	zur

1er PROCÉDÉ. — Le Moniteur fait lire verticalement, en montrant-et nommant chaque syllabe.

2me PROCÉDÉ. — Le Moniteur fait lire horizontalement, en montrant et nommant chaque syllabe.

3me PROCÉDÉ. — Le Moniteur fait lire d'abord verticalement, ensuite horizontalement, puis au hasard les syllabes du tableau, et sans les nommer.

Méthode de lecture, par ABRIA. — A Paris, chez LANGLOIS et LECLERCQ, rue de La Harpe, 81.

De l'imprimerie de Crapelet, rue de Vaugirard, 9.

LECTURE.

gar nir u ne ta ble. — par tir de ro me. — le til bu ry a cas sé. — il pa ti ne ra sur le ca nal. — il gar de ra le li vre. — il dor mi ra sur la ta ble. — il gar de ra sa pa ro le. — il a ad mi ré le sys tè me de la na tu re. — il a du myr te. — le gar de a é té ma ti nal. — la ta xe a pa ru for te. — il a cul bu té. — il a ar rê té à u ne vir gu le. — il a sui vi la for ma li té. — l'or dre a é té ré ta bli. — il a ras su ré ré my. — la car te de pa pa. — l'â ne se ra ré tif. — il a ré col té du blé. — la mor su re de l'a ni mal a é té for te. — il a cas sé le ca nif de ma mè re. — le di né a é té mal gar dé. — il a mor du sa tar ti ne. — il se ra car ni vo re. — cas tor a mor du vic tor. — il a ri de sa mor su re. — ar mi de a du ca rac tè re. — mé dor a dor mi sur la por te du ca fé. — il pas se ra par le fi nis tè re. — la cor de de l'arc a cas sé. — le nè gre du sé né gal. — le turc a gra vi sur le mur. — il te for me ra le ca rac tè re. — il li ra le li vre de la bi ble. — ré my a dor mi sur le ca na pé. — cas tor a gar dé l'é ta ble. — le par ti pa tri o te a ré us si. — une marmelade de prunes. — réné portera l'uniforme de la garde. — il se procurera une cocarde tricolore. — il a diné à la gargote. — la marmite sera propre. — il ira à l'école normale. — il a dévoré le total de sa fortune. — la rivière a débordé. — suivre le modèle. — il a mérité d'être puni. — l'amiral passera mardi. — il partira samedi. — le portugal. — il ornera le mur du côté de la rivière.

1ᵉʳ Procédé. — Le Moniteur indique et nomme chaque syllabe de chaque phrase.

2ᵐᵉ Procédé. — Le Moniteur indique, sans la nommer, chaque syllabe de chaque phrase.

3ᵐᵉ Procédé. — Le Moniteur indique chaque mot et fait lire couramment, sans syllaber.

Méthode de lecture, par ABRIA. — A Paris, chez LANGLOIS et LECLERCQ, rue de La Harpe, 81.

De l'imprimerie de Crapelet, rue de Vaugirard, 9.

ALPHABET DE MAJUSCULES.

A B C D E F G H I J K L M N
O P Q R S T U V W X Y Z

SONS COMPOSÉS DE PLUSIEURS LETTRES.

ai	au	eu	ou

Prononcez è,   ò   *comme dans* vœu,   mou.

ei	eau	œu	oi

è,   ò   *comme dans* loi.

EXERCICE.

ei	ai	au	eu	ei	eau	œu	ou
eau	oi	ei	au	oi	œu	ou	eu
oi	eau	ei	oi	ou	eau	au	oi
au	ei	oi	eau	œu	ou	eau	ai

1er Procédé. — Le Moniteur indiquera et nommera chacune des lettres majuscules et des sons de ce tableau, en donnant aux lettres majuscules l'appellation indiquée au tableau n° 1 ; la lettre H se prononce *ache*, et la lettre Q, *cu*.

2me Procédé. — Le Moniteur indiquera, sans les nommer, les lettres et les sons ci-dessus.

3me Procédé. — Le Moniteur remet la baguette à l'Élève qui montre sur le tableau la lettre ou le son que lui a demandé le Moniteur.

Méthode de lecture, par ABRIA. — A Paris, chez LANGLOIS et LECLERCQ, rue de La Harpe, 81.

De l'imprimerie de Crapelet, rue de Vaugirard, 9.

SYLLABAIRE.

	ai	ei	au	eau	eu	œu	ou	oi
b	bai	bei	bau	beau	beu	bœu	bou	boi
c	cai	»	cau	»	»	cœu	cou	coi
d	dai	dei	dau	deau	deu	dœu	dou	doi
f	fai	fei	fau	»	feu	fœu	fou	foi
g	gai	»	gau	»	»	»	gou	goi
j	jai	jei	jau	jeau	jeu	jœu	jou	joi
k	kai	kei	kau	keau	keu	kœu	kou	koi
l	lai	lei	lau	leau	leu	lœu	lou	loi
m	mai	mei	mau	meau	meu	mœu	mou	moi
n	nai	nei	nau	neau	neu	nœu	nou	noi
p	pai	pei	pau	peau	peu	pœu	pou	poi
r	rai	rei	rau	reau	reu	rœu	rou	roi
s	sai	sei	sau	seau	seu	sœu	sou	soi
t	tai	tei	tau	teau	teu	tœu	tou	toi
v	vai	vei	vau	veau	veu	vœu	vou	voi
x	xai	xei	xau	xeau	xeu	xœu	xou	xoi
z	zai	zei	zau	zeau	zeu	zœu	zou	zoi

1er Procédé. — Le Moniteur fait lire verticalement, en montrant et nommant chaque syllabe.

2me Procédé. — Le Moniteur fait lire horizontalement, en montrant et nommant chaque syllabe.

3me Procédé. — Le Moniteur fait lire d'abord verticalement, ensuite horizontalement, puis au hasard, les syllabes du tableau, et sans les nommer.

Méthode de lecture, par ABRIA. — A Paris, chez LANGLOIS et LECLERCQ, rue de La Harpe, 81.

De l'imprimerie de Crapelet, rue de Vaugirard, 9.

LECTURE.

Dieu se ra no tre li bé ra teur. — J'ai me ma mè re. — La loi a é té fai te. — J'i rai au bu reau de pa pa. — Le sau le du pré. — Il a cas sé un ra meau. — Le tau reau i ra paî tre. — J'au rai du veau pour mar di. — Il a ma nœu vré sur le ra deau. — Ré my a é té ai ma ble. — J'i rai jeu di à la pro me na de sur la rou te neu ve. — J'ai vu u ne pou le. — La meu le tour ne. — Il va sur l'eau. — Le ba teau du père Jo ly. — Il a par cou ru tou te l'Eu ro pe. — L'œuf de la pou le. — Il au ra de la sou pe et du gâ teau. — La tau pe a veu gle. — Le nou veu ve nu. — Rou leau pour pé trir la pâ te. — J'ai vu u ne ta ble d'a ca jou. — La mou tu re a é té tar di ve. — Il é cri ra sur le bu reau de pa pa. — Il a a meu té le peu ple. — Fai re tai re la pou le. — Le myr te fleu ri ra. — Il a ob te nu u ne fa veur. — Il a é prou vé de la dou leur. — Le mo ni teur m'a pu ni. — J'au rai u ne bou le d'i voi re. — U ne boî te d'a ca jou. — J'ai vu u ne bê te noi re. — De la cou leur. — Toi. — Moi. — Soi. — Le jour va pa raî tre. — J'i rai te voir sur le soir. — Le dé jeu ner a é té sui vi d'u ne pro me na de. — Le pour tour de la cour. — Le four se se ra re froi di. — Le bu veur a dor mi. — La sœur a su sa prière. — J'aime Dieu. — Il sera le seul adoré. — La reine passera à midi. — Le rideau de la fenêtre. — Il a fait de la peine au roi. — Le jeu de paume. — Le bédeau de la Madeleine.

1er Procédé. — Le Moniteur indique et nomme chaque syllabe de chaque phrase.

2me Procédé. — Le Moniteur indique, sans la nommer, chaque syllabe de chaque phrase.

3me Procédé. — Le Moniteur indique chaque mot et fait lire couramment, sans syllaber.

Méthode de lecture, par ABRIA. — A Paris, chez LANGLOIS et LECLERCQ, rue de La Harpe, 81.

De l'imprimerie de Crapelet, rue de Vaugirard, 9.

AUTRES SONS COMPOSÉS DE PLUSIEURS LETTRES.

en an in ein on un ien

comme dans bien.

em am im ain om um

EXERCICE.

ien	an	in	om	ien	en	ein	am	un	om
ein	an	ein	em	in	ien	un	ein	ain	en
un	ien	ain	un	am	an	on	ien	ain	en

1er PROCÉDÉ. — Le Moniteur indique et nomme les sons ci-dessus; l'Élève répète ces sons.

2me PROCÉDÉ. — Le Moniteur indique et fait nommer ces mêmes sons.

3me PROCÉDÉ. — Le Moniteur remet la baguette à l'Élève, qui montre sur le tableau le son que lui a demandé le Moniteur.

Méthode de lecture, par ABRIA. — A Paris, chez LANGLOIS et LECLERCQ, rue de La Harpe, 81.

De l'imprimerie de Crapelet, rue de Vaugirard, 9.

SYLLABAIRE.

	en	em	an	am	in	ain	on	ien	un
b	ben	bem	ban	bam	bin	bain	bon	bien	bun
c	»	»	can	cam	»	cain	con	»	cun
d	den	dem	dan	dam	din	dain	don	dien	dun
f	fen	fem	fan	fam	fin	fain	fon	fien	fun
g	»	»	gan	gam	»	gain	gon	»	gun
j	jen	jem	jan	jam	jin	jain	jon	jien	jun
k	ken	kem	kan	kam	kin	kain	kon	kien	kun
l	len	lem	lan	lam	lin	lain	lon	lien	lun
m	men	mem	man	mam	min	main	mon	mien	mun
n	nen	nem	nan	nam	nin	nain	non	nien	nun
p	pen	pem	pan	pam	pin	pain	pon	pien	pun
r	ren	rem	ran	ram	rin	rain	ron	rien	run
s	sen	sem	san	sam	sin	sain	son	sien	sun
t	ten	tem	tan	tam	tin	tain	ton	tien	tun
v	ven	vem	van	vam	vin	vain	von	vien	vun
x	xen	xem	xan	xam	xin	xain	xon	xien	xun
z	zen	zem	zan	zam	zin	zain	zon	zien	zun

1er Procédé. — Le Moniteur fait lire verticalement, en montrant et nommant chaque syllabe.

2me Procédé. — Le Moniteur fait lire horizontalement, en montrant et nommant chaque syllabe.

3me Procédé. — Le Moniteur fait lire d'abord verticalement, ensuite horizontalement, puis au hasard les syllabes du tableau, et sans les nommer.

Méthode de lecture, par ABRIA. — A Paris, chez LANGLOIS et LECLERCQ, rue de La Harpe, 81.

De l'imprimerie de Crapelet, rue de Vaugirard, 9.

LECTURE.

La bon té du cœur. — Le dan seur de cor de. — Le se rin en vo lé. — La ro ton de du jar din. — La main du Sau veur. — J'ai vu un beau pin son. — Le sa lon jau ne. — J'ai me Dieu, de cœur, d'â me. — Un ban deau cou vre sa tê te. — Em prun te la mon tre de ta sœur. — La lam pe se se ra é tein te tou te seu le. — Pau lin a un bam bou. — La tem pê te, l'ou ra gan. — Le mal em pi re. — Il fe ra rô tir le din don. — Si mon a em prun té mon ca nif. — La pom pe a four ni u ne eau a bon dan te. — On é tein dra ain si le feu. — Il a plom bé ma lam pe. — On lui a am pu té la jam be. — Du pain brû lé. — Le jar din de la rei ne. — Du vi nai gre jau ne. — Le gru au de la fa ri ne. — Le mi li tai re en em bus ca de. — De la ba lei ne. — La fen te d'un mur. — La meu le du mou lin tour ne bien. — Mon li vre se ra le tien. — L'en clu me a re ten ti. — U ne nou veau té. — Com bien ven dra - t - il son pain? — Un gar dien fi dè le. — Ê tre à jeun. — La pein tu re a é té fai te par In gres. — Le gain a été considérable. — Le sein de la Divinité. — J'ai vu un nain. — Il dira son nom. — Il campera demain à Bau-joly. — Le galérien s'enfuira. — Le bien d'autrui. — Il a un pompon soutenu par une baleine. — La boule tourne sur son axe. — Le sien. — Le tien. — Le mien. — J'aime la soli-tude. — Avoir de la droiture. — Parcourir le jardin. — Prendre un bain. — L'ombre du pin. — Rombeau éclairera la lampe. — Un militaire a été tué. — Il montera sur le mur. — Le Souverain du monde. — La grandeur de la Divinité. — Le juste sera récompensé dans l'autre monde. — Le bureau du maire a été occupé par papa. — Il administrera lui-même sa fortune.

1er Procédé. — Le Moniteur indique et nomme chaque syllabe de chaque phrase.

2me Procédé. — Le Moniteur indique, sans la nommer, chaque syllabe de chaque phrase.

3me Procédé. — Le Moniteur indique chaque mot et fait lire couramment, sans syllaber.

Méthode de lecture, par ABRIA. — A Paris, chez LANGLOIS et LECLERCQ, rue de La Harpe, 81.

De l'imprimerie de Crapelet, rue de Vaugirard, 9.

ARTICULATIONS COMPOSÉES DE PLUSIEURS LETTRES.

ch   gn   ill   ph

Prononcez comme dans   riche,   règne,   paille,   sylphe,

qu   gu

que,   guenon.

SYLLABAIRE.

	a	e	é	i	o	u	eu	ou	an	in	on	oi
ch	cha	che	ché	chi	cho	chu	cheu	chou	chan	chin	chon	choi
gn	gna	gne	gné	gni	gno	gnu	gneu	gnou	gnan	gnin	gnon	gnoi
ill	illa	ille	illé	illi	illo	illu	illeu	illou	illan	illin	illon	illoi
ph	pha	phe	phé	phi	pho	phu	pheu	phou	phan	phin	phon	phoi
qu	qua	que	qué	qui	quo	»	queu	»	quan	quin	quon	quoi
gu	gua	gue	gué	gui	guo	»	gueu	»	guan	guin	»	»

1ᵉʳ Procédé. — Le Moniteur indique et nomme une articulation ou une syllabe à l'Élève, en suivant pour le syllabaire l'ordre vertical.

2ᵐᵉ Procédé. — Le Moniteur indique et nomme une articulation ou une syllabe à l'Élève, en suivant l'ordre horizontal.

3ᵐᵉ Procédé. — Le Moniteur indique, sans la nommer, une articulation à l'Élève, et fait lire le syllabaire en suivant d'abord l'ordre vertical, ensuite l'ordre horizontal, puis en prenant une syllabe au hasard.

Méthode de lecture, par ABRIA. — A Paris, chez LANGLOIS et LECLERCQ, rue de La Harpe, 81.

De l'imprimerie de Crapelet, rue de Vaugirard, 9.

LECTURE.

Un chou. — Un châ teau. — U ne gre nou ille. — U ne
bû che. — On me cha tou ille. — U ne gran de qua li té. —
É loi gne ton che val du pré. — La vi gne pro duc ti ve. —
La ca ille a chan té. — U ne ri che mar chan de a a che té
mon é pa gneul. — Il a sa li son cha peau. — Il m'a ta qui
né. — Pau lin pren dra un la xa tif. — La sphè re tour ne.
— Il m'a a pos tro phé. — J'ai ven du son é li xir. — L'or
phe li ne. — Un cha peau de pa ille. — Le sei gneur m'ai
me. — Ton cou teau se rou ille. — Le zé phyr du soir. — Un
dau phin. — Un a ni mal é phé mè re. — A dol phe par ti ra
pour la Chi ne. — Un pei gne d'é ca ille. — U ne guê pe l'a pi
qué. — Au bin a pro di gué son gâ teau. — U ne li queur blan
che. — Il i ra de main à la ban que. — La ren con tre é qui vo
que. — La gui mau ve l'a gué ri. — L'an pro chain j'i rai à l'é
co le su pé rieu re. — Le ca ta lo gue du li brai re. — Un bon
bou illon. — Un cou teau é bré ché. — U ne te na ille. — Un
lor gnon. — Jé rô me au ra la mé da ille. — La mâ choi re d'un
che val. — Il a lu le feu ille ton de son jour nal. — Il ai me
la vo la ille. — L'é cri vain fa ti gué. — Un re frain qui char me.
— L'archevêque de Cambrai. — La fête de la Chandeleur.
— Il a souillé son manteau. — Un cheveu brun. — Il fré-
quente son camarade. — Il a drogué son vin. — Il fera mon
épitaphe. — On a soigné ma sœur. — Le navire franchira
la ligne. — L'équinoxe. — Il a barbouillé sa figure. — Il sera
enchanté d'être élu député. — Il guérira mon frère. — De
la paille jaune. — Le phare éclairera la côte. — Pharaon a
voulu faire périr le peuple de Dieu. — La famille sainte. —
Il a épargné son bien. — Il a guéri son camarade. — La vigne
a été productive. — Un actif vigneron.

1er Procédé. — Le Moniteur indique et nomme chaque syllabe de chaque mot.
2me Procédé. — Le Moniteur indique, sans la nommer, chaque syllabe de chaque mot.
3me Procédé. — Le Moniteur indique chaque mot et fait lire couramment, sans syllaber.

Méthode de lecture, par ABRIA. — A Paris, chez LANGLOIS et LECLERCQ, rue de La Harpe, 81.

De l'imprimerie de Crapelet, rue de Vaugirard, 9.

DE QUELQUES LETTRES DOUBLES.

Deux	**bb**	*ne valent qu'un*	**b**	*comme dans* **abbé,**	*lisez*	**abé.**
—	**cc**	—	**c**	— *accablé,*	—	acablé.
—	**cq**	—	**qu**	— *acquérir,*	—	aquérir.
Deux	**mm**	—	**m**	— *somme,*	—	some.
—	**ff**	—	**f**	— *affamé,*	—	afamé.
—	**tt**	—	**t**	— *attente,*	—	atente.
—	**gg**	—	**g**	— *aggravé,*	—	agravé.

LECTURE.

De la go mme. — **Du beu rre ba ttu.** — **Il a sa cca gé la vi lle.** — **Il a a ba ttu u ne bé ca sse.** — **Ma bo nne do nne moi du pain.** — **J'ai vu le ca rro sse du roi.** — **Le chien a é té ba ttu.** — **Il pou rra sor tir co mme de cou tu me.** — **L'o ffre a é té fai te.** — **Ce la pou rri ra.** — **Le che val pou ssif.** — **L'a ffai re a é té pé ni ble pour moi.** — **De la mou sse é pai sse.** — **U ne po mme mo lle.** — **U ne co mmo de.** — **Du poi sson.** — **A ccroî tre u ne pro pri é té.** — **Il lui a donné une acco- lade.** — **La griffe du vautour.** — **L'étoffe épaisse.** — **La patte de la chatte.** — **Il a troué sa bottine.** — **J'ai rencontré ma marraine ainsi que mon parrain.** — **Un carreau de vitre.** — **Rompre une barricade.** — **Bannir l'être corrompu.**

1er Procédé. — Le Moniteur fait lire et s'attache à faire comprendre la première partie du tableau.

2me Procédé. — Le Moniteur indique et fait lire par syllabes la seconde partie du tableau.

3me Procédé. — Le Moniteur indique chaque mot, et fait lire sans syllaber.

Méthode de lecture, par ABRIA. — A Paris, chez LANGLOIS et LECLERCQ, rue de La Harpe, 81.

De l'imprimerie de Crapelet, rue de Vaugirard, 9.

IRRÉGULARITÉS.

ç	*se prononce et se lit comme*	**s,**	*exemple :*	***caleçon.***
c	*suivi de* e *ou de* i, *se lit comme*	**s,**	—	***ceci.***
g	*suivi de* e *ou de* i, *se lit comme*	**j,**	—	***sage, rougir.***
q	*(qu'on prononce* cu), *se lit comme*	**c,**	—	***coq, piqûre.***
s	*entre deux voyelles, se lit comme*	**z,**	—	***église.***
t	*devant un son commençant par* i, *se lit souvent comme*	**s,**	—	***ration.***

LECTURE.

Le reçu du propriétaire. — Il a conçu un soupçon. — Le poinçon pointu. — Blanchir un caleçon. — Bâtir une façade. — De la cendre chaude. — Le juge du canton. — Un bagage. — Une égide le protége. — Il a bu du cidre. — Un citron jaune. — Durcir un œuf. — Le registre du receveur. — Il a suivi un régime rigide. — La gerçure. — La ration du militaire. — Il mange de la gibelotte. — De la porcelaine. — La rinçure du vin. — La glace a fondu. — L'anneau nuptial. — La toison d'or. — La leçon avantageuse. — Une fraction décimale. — La nation française. — Un courtisan. — Une épouse docile. — La cloison du jardin. — Une rose rouge. — Le factionnaire a déserté. — Il a ciré sa chaise. — Le cortége sera composé d'une nombreuse société. — Il prophétise. — Être impartial. — Une sédition. — Une pièce de ruban rouge. — Du pain de munition. — Le coq du village. — Une piqûre venimeuse.

1ᵉʳ Procédé. — Le Moniteur fait lire et s'attache à faire comprendre la première partie du tableau.
2ᵐᵉ Procédé. — Le Moniteur indique et fait lire par syllabe la seconde partie du tableau.
3ᵐᵉ Procédé. — Le Moniteur indique chaque mot de la seconde partie du tableau, et le fait lire sans syllaber.

Méthode de lecture, par ABRIA. — A Paris, chez LANGLOIS et LECLERCQ, rue de La Harpe, 81.

De l'imprimerie de Crapelet, rue de Vaugirard, 9.

IRRÉGULARITÉS.

es *dans les mots d'une syllabe se lit* **è,** **mes, tes.**

er, ez, et *à la fin des mots se lisent* **é,** **aimer, avez, mousquet.**

e *suivi de deux consonnes se lit* **è,** **elle, atteste.**

e *se lit quelquefois* **a,** **femme, prudemment.**

gea, geo *se lisent* **ja, jo,** *il nagea, flageolet.*

LECTURE.

Tu es assez poli. — Mes. — Tes. — Ses. — Les. — Des. — Ménagez votre santé. — Respectez votre père et votre mère, aimez-les. — Écoutez votre maître. — L'erreur est pernicieuse. — Adorer Dieu. — Persévérer dans la vertu. — Fréquenter l'Église. — Aller au catéchisme. — Il protégea l'innocence. — Le flageolet du berger. — Travailler ardemment. — Le perroquet du boulanger. — Il badigeonne sa maison. — Un coutelier. — Estimez celui qui est sage. — Tu es querelleur. — La raquette de Jean a été promise à Estelle. — Attendez que son esprit se développe. — La femme du portier. — Le cheval ne bougea que lorsqu'il mangea l'avoine. — Le pigeon s'enfuira. — Un bonnet de coton. — Le meurtrier sera puni. — Évitez le mensonge. — Le fer a été rongé par la rouille. — Un verset de l'Évangile. — Une messe basse. — Voici le cocher de ce cabriolet. — La terre tourne. — Marcher sur la glace. — Parier une veste contre un bonnet. — Un nez aquilin. — Il allégea le pauvre. — La vigne bourgeonne. — L'ennemi a été battu. — Une belle et bonne femme. — Ennoblir. — Le fiel est amer. — Parler avec adresse et solennité.

1er Procédé. — Le Moniteur fait lire et s'attache à faire comprendre la première partie du tableau.

2me Procédé. — Le Moniteur indique et fait lire par syllabe la seconde partie du tableau.

3me Procédé. — Le Moniteur indique chaque mot de la seconde partie du tableau, et le fait lire sans syllaber.

Méthode de lecture, par ABRIA. — A Paris, chez LANGLOIS et LECLERCQ, rue de La Harpe, 81.

De l'imprimerie de Crapelet, rue de Vaugirard, 9.

IRRÉGULARITÉS.

X   *quelquefois se lit*   **gz,** *comme dans* **examiner.**

Deux **ll** *et* **il** *quelquefois se lisent* **ill,**   —   **fille, babil.**

y *dans le corps d'un mot, et précédé d'une voyelle, est employé pour deux* **ii,**   —   **moyen, pays.**

LECTURE.

On m'a nommé exécuteur testamentaire. — L'exemple suivi avec attention. — Avoir de l'exactitude. — J'irai à l'exercice. — Il exagère. — Le travail rapporte; le babil ne rapporte rien. — La fille sage. — Le soleil brille. — Une belle vieillesse. — Un éventail de la Chine. — Un conseil salutaire. — La grille du parc. — Cette femme babille. — Une vieille bien respectable. — Un coquillage de mer. — Un tuyau. — Le travail a été le moyen sûr qu'il a employé pour devenir riche. — Dieu exauce la prière de la fille sage et studieuse. — Dieu bénira cette nombreuse famille. — Un noyau de pêche. — Tutoyer son ami. — Une ville commerçante. — Être renvoyé pour mauvaise conduite. — Le royaume de France. — Une pompe royale. — Fusiller un criminel. — Un baril de poudre. — Une vrille a percé la porte. — Examinez votre conduite avec attention. — Il a essuyé sa main. — Sauver un noyé mérite de l'éloge. — Il m'a tiré l'oreille. — Essayer sa force. — Il a exagéré le nombre de l'ennemi. — Le charron a fait un moyeu. — Côtoyer le rivage de la mer. — Le gouvernail d'un vaisseau. — Sa conscience a été le gouvernail de son âme. — L'enfant sage écoute un bon conseil. — Le vice a été l'écueil de sa vertu. — Ayez pitié de la souffrance du pauvre. — Une coquille de mer. — Le tilleul fleurira. — Le noyer grossira. — Une corbeille d'osier. — Voyez et n'enviez pas la fortune d'autrui.

1ᵉʳ PROCÉDÉ. — Le Moniteur fait lire et s'attache à faire comprendre la première partie du tableau.

2ᵐᵉ PROCÉDÉ. — Le Moniteur indique et fait lire par syllabe la seconde partie du tableau.

3ᵐᵉ PROCÉDÉ. — Le Moniteur indique chaque mot de la seconde partie du tableau, et le fait lire sans syllaber.

Méthode de lecture, par ABRIA. — A Paris, chez LANGLOIS et LECLERCQ, rue de La Harpe, 81.

De l'imprimerie de Crapelet, rue de Vaugirard, 9.

LETTRES NULLES.

La lettre **h** *(prononcez* ache) *est toujours nulle quand elle n'est pas précédée de* c *ou de* p :

le bonheur, l'homme, *lisez* **le boneur, l'omme.**

e *est souvent nul, comme dans* **il priera, je prie,** *lisez* **il prira, je pri.**

Les consonnes finales sont nulles, comme dans **plomb, chat,** *lisez* **plom, cha.**

LECTURE.

S'asseoir sur un banc. — Tu marches d'aplomb. — Ils lisaient ensemble. — Ils dormaient fort tranquilles. — Les vaches beuglent. — Les champs sont dévastés. — Les brebis bêlent. — Elles se nourrissent d'herbe. — Surseoir. — Il nettoiera son fusil. — Les billes d'un billard. — Lire des facéties. — Les chats miaulent. — Des mulets trainent la voiture du pape. — Tu aimes les noix. — Il s'habille seul. — Ces enfants sont gentils. — Agir prudemment. — Du drap vert. — Voyez-vous ces méchants enfants qui jettent des pierres à ceux qui passent!... Ne méritent-ils pas le châtiment qu'à la prière d'Élisée, le Seigneur fit subir aux enfants qui n'eurent pas honte d'insulter ce prophète? comme ceux-ci, ne devraient-ils pas être dévorés par des ours affamés?

Combien sont admirables les enfants qui, à l'exemple de Salomon, demandent à Dieu, lorsqu'ils le prient, la sagesse. — Si leur cœur est pur, ils doivent être exaucés; et leur conduite régulière doit leur mériter l'attachement et les bontés de tous ceux qui les connaissent. — La sagesse est le plus grand bien que Dieu puisse accorder à un enfant; avec elle il sera toujours assez riche pour toujours être heureux.

1ᵉʳ Procédé. — Le Moniteur fait lire et s'attache à faire comprendre la première partie du tableau.

2ᵐᵉ Procédé. — Le Moniteur indique et fait lire par syllabe la seconde partie du tableau.

3ᵐᵉ Procédé. — Le Moniteur indique chaque mot de la seconde partie du tableau, et le fait lire sans syllaber.

Méthode de lecture, par ABRIA. — A Paris, chez LANGLOIS et LECLERCQ, rue de La Harpe, 81.

De l'imprimerie de Crapelet, rue de Vaugirard, 9.

QUELQUES MOTS IRRÉGULIERS.

Août, Faon, Laon, Saône, Paon, Équateur,
Prononcez où,   fan,   lan,   sône,   pan,   écouateur,

Aquatique, Quadrupède, Équation, Quadragénaire,
acouatique,   couadrupède,   écouation,   couadragénaire,

Quadruple, Mentor, Européen, Écho, Chœur,
— couadruple,   mintor,   européin,   éco,   cœur,

Choriste, Hymen, Jérusalem, J'eus, Tu eus, Il eut,
— coriste,   imène,   jérusalème   j'û,   tu û,   il û,

Nous eûmes, Vous eûtes, Moelle, Moellon, Radoub,
— nous ûme,   vous ûte,   moîle,   moîlon,   radoube,

Romb, Second, Bruxelles, Auxerre, Soixante.
— rombe,   segon,   brusselle,   ausserre,   soissante.

SIGNES POUR LA PONCTUATION.

,   ;   :   .   ?   !

Virgule, point et virgule, deux points, point, point interrogatif, point exclamatif,

.....   ( )   (( ))   §   ★   ¨   ,

points suspensifs, parenthèses, guillemets, paragraphe, astérisque, tréma, apostrophe.

ABRÉVIATIONS.

M.	Monsieur.	Le Sʳ	Le Sieur.	C. A. D.	C'est-à-dire.
MM.	Messieurs.	S. M.	Sa Majesté.	N. B.	Nota Béné.
Mᵐᵉ	Madame.	S. A. R.	Son Altesse Royale.	P. S.	Post Scriptum.
Mˡˡᵉ	Mademoiselle.	S. E.	Son Éminence.	Ex.	Exemple.
Mᵉ	Maître.	S. Ex.	Son Excellence.	Etc.	Et cætera.
Mᵈ	Marchand.	S. S.	Sa Sainteté.	T. S. V. P.	Tournez s'il vous plaît.

1ᵉʳ Procédé. — Le Moniteur indique et nomme un mot irrégulier, un signe de ponctuation, ou une abréviation.

2ᵐᵉ Procédé. — Le Moniteur indique et fait lire, sans les nommer, un mot irrégulier, un signe de ponctuation, une abréviation.

3ᵐᵉ Procédé. — Le Moniteur fait lire, en les prenant au hasard, et en empêchant que l'Élève ne lise l'explication au-dessous, un mot irrégulier, un signe de ponctuation, une abréviation.

Méthode de lecture, par ABRIA. — A Paris, chez LANGLOIS et LECLERCQ, rue de La Harpe, 81.

De l'imprimerie de Crapelet, rue de Vaugirard, 9.

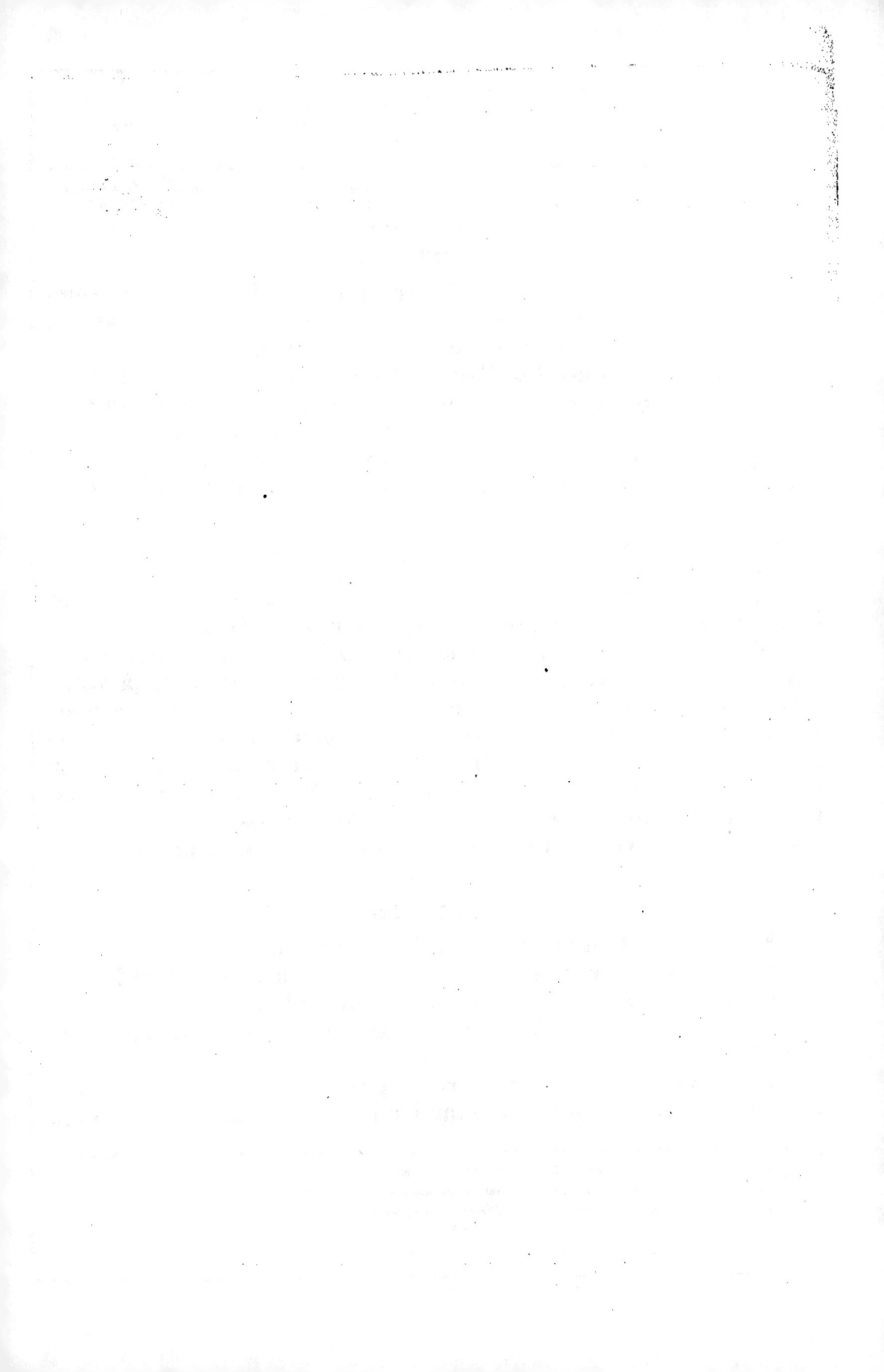

AVIS. — *C'est à présent que le Maître ou le Moniteur doit veiller avec soin à ce que l'Élève se conforme, en lisant, à la ponctuation, à la liaison des mots, et aux autres règles que l'usage et la bonne prononciation prescrivent.*

A L'ÉLÈVE.

Vous êtes arrivé, mon jeune ami, au but auquel vous tendiez en commençant cette méthode; vous connaissez maintenant tout ce qu'il est nécessaire que vous sachiez pour lire dans tous les livres. Remerciez Dieu d'avoir bien voulu soutenir vos efforts et de vous avoir donné l'intelligence qui vous a fait vaincre aussi facilement, et avec tant de promptitude, les obstacles que vous aviez à surmonter. Actuellement que vous savez lire, vous pouvez vous livrer à toutes les études que nécessitent votre éducation, l'état que vous voulez embrasser et la position que vous devez avoir dans le monde. Votre instruction va grandir avec rapidité. Ne faites usage de cette première connaissance, que vous venez d'acquérir, que pour vous rendre meilleur et former votre cœur à la morale, à la vertu; ne choisissez que de bons livres, parce que rien n'est dangereux, à votre âge, comme une mauvaise lecture. Que les premiers germes qui vont entrer dans votre cœur soient des principes de bonne conduite, des sentiments d'amour et de respect pour vos parents et pour votre maître, d'affabilité pour vos condisciples. Ayez la ferme volonté de toujours suivre le chemin sur lequel se trouvent l'estime et la considération publiques.

MAXIMES.

Dieu dit à l'homme : *Aide-toi, je t'aiderai.*

L'oisiveté ressemble à la rouille : elle use plus que le travail; la clef dont on se sert est toujours claire.

Ne prodiguez pas le temps, car c'est l'étoffe dont la vie est faite.

Le renard qui dort ne prend pas de poule. Nous aurons assez de temps à dormir quand nous serons dans le cercueil.

1ᵉʳ Procédé. — Le Moniteur fait lire par syllabe une phrase à chaque Élève.

2ᵐᵉ Procédé. — Le Moniteur fait lire couramment, et sans syllaber, une phrase à chaque Élève.

3ᵐᵉ Procédé. — Le Moniteur prend le tableau, lit une phrase et en fait épeler chaque mot. *Ex.* : — Le Moniteur : *Vous êtes arrivé, mon jeune ami*, etc.; s'adressant à l'Élève : *Vous*. — L'Élève : *V, o, u, s, Vous*, etc.

Méthode de lecture, par ABRIA. — A Paris, chez LANGLOIS et LECLERCQ, rue de La Harpe, 81.

De l'imprimerie de Crapelet, rue de Vaugirard, 9.

MAXIMES EXTRAITES DE L'ÉCRITURE SAINTE.

Le Seigneur conserve ceux qui ont le cœur droit, et il protége ceux qui marchent dans la simplicité.

La crainte du Seigneur est le commencement de la sagesse.

Le méchant disparaîtra comme une tempête qui passe.

L'impie sera interrogé sur ses pensées, et ses discours monteront jusqu'à Dieu, qui les entendra pour le punir de son iniquité.

Un cheval indompté devient intraitable; et l'enfant abandonné à sa volonté devient insolent.

Le fils sage est la joie du père; le fils insensé est la tristesse de sa mère.

Celui qui hait la réprimande marche sur les traces du méchant.

L'insensé se moque de la correction de son père; mais celui qui se rendra au châtiment deviendra plus sage.

Écoutez, enfants, les avis de votre père, et suivez-les, afin que vous soyez sauvés.

Celui qui honore son père trouvera sa joie dans ses enfants; et il sera exaucé au jour de sa prière.

La bénédiction du père affermit la maison des enfants, et la malédiction de la mère la détruit jusqu'aux fondements.

Si votre ennemi a faim, donnez-lui à manger, et, s'il a soif, donnez-lui à boire; le Seigneur vous le rendra.

La prière du pauvre s'élèvera de sa bouche jusqu'aux oreilles de Dieu, et il se hâtera de lui faire justice.

Ne fuyez pas les ouvrages pénibles, ni le travail de la campagne, qui a été institué par le Très-Haut.

Partout où l'on travaille, là est l'abondance; mais où l'on parle beaucoup l'indigence se trouve souvent.

Ne méprisez pas celui qui a faim, et n'aigrissez pas le pauvre dans son indigence.

Procédés. — Les mêmes que pour le tableau n° 21.

Méthode de lecture, par ABRIA. — A Paris, chez LANGLOIS et LECLERCQ, rue de La Harpe, 81.

De l'imprimerie de Crapelet, rue de Vaugirard, 9.

LA TERRE.

La *terre*, sur laquelle nous marchons, est une très-grosse boule suspendue dans l'immensité. La terre tourne sur elle-même en vingt-quatre heures, ce qui produit le jour et la nuit; elle décrit en un an un cercle autour du soleil. Ces deux mouvements de la terre sont à peu près ceux d'une toupie qui, en courant, tourne rapidement sur son clou.

Le dessus de la terre est en grande partie couvert d'eau; cette étendue d'eau s'appelle *mer*.

Une infinité d'êtres peuplent la terre. Les poissons nagent dans les eaux; les oiseaux volent dans les airs; des animaux de diverses espèces vivent sur terre.

Cette terre, ces eaux, ces animaux, le soleil, la lune, les étoiles, n'ont pas toujours existé; c'est Dieu qui, il y a environ six mille ans, a créé l'univers entier.

Admirons la toute-puissance de Dieu et l'infinité de sa grandeur! Qu'une sainte crainte nous anime toujours, qu'elle nous fasse combattre la paresse, fuir le mensonge; qu'elle nous encourage à l'application, à l'amour de nos parents, et à toutes les vertus qui mériteront la protection divine.

HISTOIRE DE L'HOMME.

Lorsque Dieu eut créé le ciel et la terre, il fit le premier homme, qu'il appela *Adam*, et le plaça dans un jardin délicieux (le Paradis terrestre), où il devait vivre toujours. Il lui donna une compagne qu'il nomma *Ève*.

Adam et Ève désobéirent à Dieu, qui les chassa du Paradis terrestre et les condamna aux maux de la vie et à la mort.

Adam et Ève eurent pour enfants *Caïn* et *Abel*. Caïn devint jaloux de son frère et le tua. Ce fut le premier crime.

Les hommes se corrompirent. Dieu les anéantit en inondant la terre. La famille d'un homme juste, appelé *Noé*, fut seule préservée. Elle se réfugia dans un vaisseau ou arche que Dieu lui avait ordonné de construire.

Les eaux qui couvrirent la terre s'écoulèrent. Les descendants de Noé s'étant multipliés, se séparèrent et peuplèrent la terre de leurs nombreuses générations.

PROCÉDÉS. — Les mêmes que pour le tableau n° 21.

Méthode de lecture, par ABRIA. — A Paris, chez LANGLOIS et LECLERCQ, rue de La Harpe, 84.

De l'imprimerie de Crapelet, rue de Vaugirard, 9.

LE CORPS.

Le corps est recouvert d'une peau qui le protége contre les chocs extérieurs. Cette peau est percée d'une quantité prodigieuse de trous appelés *pores*.

On distingue dans le corps le tronc, qui comprend la *tête*, la *colonne vertébrale* et la *poitrine*; les membres, qui sont les *bras* et les *jambes*.

La tête se compose de deux parties : la face, où sont la *mâchoire*, les *yeux* et le *nez*; le crâne, sorte de boîte qui renferme le *cerveau*.

La colonne vertébrale est une chaîne de petits os placés à la suite les uns des autres et formant une colonne qui soutient le corps.

La poitrine est formée d'os appelés *côtes :* elle renferme le cœur, foyer du sang; les poumons, principaux organes de la respiration.

La main a cinq doigts, appelés le *pouce*, l'*index*, le *médius*, l'*annulaire* et le *petit-doigt*.

LES SENS.

Pour guider l'homme sur la terre, et lui faire éviter les dangers auxquels il est exposé, Dieu lui a donné les *sens*, qui sont au nombre de cinq : le *toucher*, l'*odorat*, le *goût*, l'*ouïe* et la *vue*.

Le *toucher* nous fait apprécier les sensations qui résultent du contact de notre corps avec d'autres objets.

L'*odorat* nous fait juger des bonnes ou des mauvaises odeurs.

Le *goût* nous permet de reconnaître la saveur des différentes substances.

L'*ouïe* nous fait entendre les sons produits par les corps mis en mouvement autour de nous.

La *vue* nous fait juger de la grandeur, de la couleur et de la forme des objets.

Procédés. — Les mêmes que pour le tableau n° 21.

Méthode de lecture, par ABRIA. — A Paris, chez LANGLOIS et LECLERCQ, rue de La Harpe, 81.

De l'imprimerie de Crapelet, rue de Vaugirard, 9.

BESOINS DE L'HOMME.

Nous nous nourrissons de la chair du bœuf, de celle du porc et du mouton, d'oiseaux et de poissons, enfin des diverses productions de la terre.

Le pain que mangent presque tous les hommes se fait avec des grains de blé, de seigle qu'on a fait moudre, qu'on a pétris et fait cuire au four.

Les boissons les plus communes sont le vin, le cidre et la bière; on les obtient en pressant et faisant fermenter du raisin, des pommes, des grains.

Les habits se font avec du drap, qu'on fabrique avec la laine qu'on a tondue sur les brebis.

Certaines plantes produisent le lin, le chanvre et le coton, avec lesquels on tisse les toiles.

Certains animaux soulagent l'homme dans les fonctions de la vie : le chien garde son domicile, et le défend contre les malfaiteurs; le chat détruit les rats; le bœuf est employé aux travaux de l'agriculture.

DEVOIRS ENVERS SES SEMBLABLES.

Tous les hommes sont frères et doivent s'aimer comme tels. Dieu nous a doués d'une faculté qu'il a refusée aux autres animaux : c'est la raison. La raison éclaire notre conscience, cet autre sentiment qui nous fait apprécier le bien et le mal. En créant en nous cet instinct de conservation, qui fait que nous évitons tout ce qui peut nous nuire et que nous recherchons tout ce qui peut nous être agréable, Dieu a placé en notre cœur ce précepte, qui est la loi de tous les honnêtes gens :

FAIS AUX AUTRES CE QUE TU VOUDRAIS QU'IL TE FUT FAIT.

Cette courte maxime contient tous les devoirs que les hommes se doivent entre eux.

Procédés. — Les mêmes que pour le tableau nᵒ 21.

Méthode de lecture, par ABRIA. — A Paris, chez LANGLOIS et LECLERCQ, rue de La Harpe, 81.

De l'imprimerie de Crapelet, rue de Vaugirard, 9.

DEVOIRS ENVERS LES PARENTS.

A peine un enfant commence-t-il à être éclairé par la raison, que sa première pensée est une pensée d'amour pour les auteurs de son existence. Son cœur le porte naturellement vers sa mère, qui prend tant de soin de son enfance, surveille ses premiers pas, fournit à tous ses besoins.

La religion fait à l'enfant une loi de cet amour et de ce respect que la nature lui a gravés au fond du cœur :

Tes père et mère honoreras
Afin que tu vives longuement.

Un enfant doit donc à tout âge s'approcher de ses parents avec un extérieur qui peigne la soumission, le respect et l'affection; il doit écouter leurs conseils et faire ses efforts pour en profiter; exécuter leurs volontés avec cet empressement que l'amour seul inspire.

Un fils doit toujours conserver pour ses parents l'amour et le respect que la nature et la religion lui inspirent. Il doit, quand son père et sa mère deviennent vieux, infirmes ou malheureux, soulager leur misère, soutenir leur vieillesse. Dieu n'abandonnera jamais le fils laborieux, et au cœur plein de vertus, qui s'imposera des privations pour alimenter son père.

ACTE DE DÉVOUEMENT.

Saint Vincent de Paul était devenu aumônier général des galères. Un jour il aperçoit un forçat se livrant au plus violent désespoir; il s'approche de lui pour le consoler. Il apprend que ce malheureux a une femme et des enfants, qui, privés du fruit de son travail, vont être en proie à une affreuse misère. Il était alors permis de remplacer un galérien. Celui-ci devait passer deux années aux galères. Vincent s'offre à sa place; il est accepté et porte deux ans les fers..... Où trouver un homme pareil?

Procédés. — Les mêmes que pour le tableau n° 21.

Méthode de lecture, par **ABRIA.** — A Paris, chez LANGLOIS et LECLERCQ, rue de La Harpe, 81.

De l'imprimerie de Crapelet, rue de Vaugirard, 9.

DIVISION DU TEMPS.

Le temps se divise en trois parties : le *passé*, le *présent* et l'*avenir*. Il faut connaître le passé pour acquérir l'expérience nécessaire pour bien employer le présent; et se conduire pendant le présent de manière à n'avoir rien à craindre de l'avenir.

Le temps qui s'écoule depuis le lever du soleil jusqu'à son coucher, en y joignant la nuit, s'appelle *jour*.

Trente jours font ordinairement un *mois*; douze mois font un *an*. Ces douze mois se nomment : *janvier, février, mars, avril, mai, juin, juillet, août, septembre, octobre, novembre, décembre.*

Une semaine comprend sept jours; en voici les noms : *lundi, mardi, mercredi, jeudi, vendredi, samedi, dimanche.*

L'année se divise encore en quatre saisons; la durée de chacune est de trois mois.

Le *printemps* est la saison qui amène la verdure et les fleurs; l'air se remplit alors d'un doux parfum; les oiseaux retrouvent leurs chants mélodieux. Cette saison commence le vingt-un mars.

L'*été* est la saison la plus chaude; il commence le vingt-un juin.

L'*automne*, si agréable à cause des raisins et des fruits de toute espèce qu'il nous procure, commence le vingt-un septembre.

L'*hiver* est la saison des neiges et de la glace; alors les arbres sont sans feuilles. Cette saison commence le vingt-un décembre.

Cent ans forment un *siècle*.

Pour apprécier le temps qui s'écoule, nous avons choisi une époque; c'est le jour de la naissance de notre Seigneur Jésus-Christ. Ainsi, quand nous disons que nous sommes en mil huit cent quarante-sept, nous voulons exprimer qu'il s'est écoulé mil huit cent quarante-sept ans depuis que Jésus-Christ est né.

PROCÉDÉS. — Les mêmes que pour le tableau nᵒ 21.

Méthode de lecture, par ABRIA. — A Paris, chez LANGLOIS et LECLERCQ, rue de La Harpe, 81.

De l'imprimerie de Crapelet, rue de Vaugirard, 9.

QUELQUES NOTIONS PHYSIQUES.

Tous les jours, mes jeunes amis, vous remarquez les nuages qui roulent sur vos têtes; vous maudissez la pluie qui détruit vos projets de promenade; et jamais peut-être il ne vous est venu à l'esprit de chercher à comprendre comment s'opèrent ces phénomènes de la nature.

Les eaux qui, comme vous le savez, couvrent une grande partie de la surface de la terre, étant échauffées par le soleil, se réduisent en vapeur. Cette vapeur, plus légère que l'air, tend continuellement à s'élever : si elle rencontre un air froid, comme cela arrive au-dessus des rivières, elle restera suspendue au-dessus de la rivière et produira les *brouillards.*

Si la froidure de l'air vient à diminuer par l'action du soleil, alors le brouillard se dissipe, la vapeur qui le composait s'élève jusqu'à ce qu'elle rencontre une couche d'air assez froide pour lui faire prendre la forme des *nuages.*

Si la température de l'air, où se trouve un nuage, devient plus froide, les parties de la vapeur qui composent le nuage se rapprochent et forment bientôt des gouttes d'eau qui, se trouvant alors plus pesantes que l'air, tombent en *pluie.*

Si le froid est assez vif pour geler l'eau, les gouttes de pluie nous arrivent sous la forme de la *neige.*

LE VENT.

Les causes qui produisent le vent ne sont pas parfaitement connues; mais vous en voyez tous les jours des effets qui doivent vous faire admirer la grandeur et la sagesse de Dieu.

Le vent empêche l'air de se corrompre; il transporte sur nos campagnes les nuages qui les rendent fertiles; il met en mouvement les ailes de nos moulins; il enfle les voiles des vaisseaux qui nous font communiquer avec les peuples qui habitent au delà des mers, et nous apportent les produits de leurs pays, tels que le café, l'indigo, le sucre, le coton, etc., etc.

PROCÉDÉS.' — Les mêmes que pour le Tableau n° 21.

Méthode de lecture, par ABRIA. — A Paris, chez LANGLOIS et LECLERCQ, rue de La Harpe, 81.

De l'imprimerie de Crapelet, rue de Vaugirard, 9.